JN438914

무엇을 더하여 꽃피울까

국립중앙도서관 출판시도서목록(CIP)

무엇을 더하여 꽃피울까 : 김학원 시집 / 지은이: 김학원.
-- 서울 : 북랜드, 2015
p. 128 ; 13×21cm

ISBN 978-89-7787-638-5 03810 : ₩10000

한국 현대시[韓國 現代詩]

811.7-KDC6

895.715-DDC23 CIP2015014401

김학원 시집

무엇을 더하여 꽃피울까

인쇄| 2015년 5월 25일
발행| 2015년 5월 30일

지은이| 김학원
펴낸이| 장호병
펴낸곳| 북랜드
135-936 서울 강남구 강남대로 320 황화빌딩 1108호
대표전화 (02) 732-4574 | (053) 252-9114
팩시밀리 (02) 734-4574 | (053) 252-9334

등 록 일| 1999년 11월 11일
등록번호| 제13-615호
홈페이지| www.bookland.co.kr
이-메 일| bookland@hanmail.net

편집주간| 김인옥
영 업| 최성진

ISBN 978-89-7787-638-5 03810
값 10,000 원

무엇을 더하여 꽃피울까

김학원 詩集

북랜드

시인의 변

골목길은 기척하나 없고 댓잎만 토담에 날리는 대낮
헛간을 대추밭을 그리다, 먹으로 지워버리는 무료한 나날이다.
정자나무에 앉아 건너편 사과밭에 날아 내린 까치 떼를 보던 중
물빛을 알게 되었고 물빛의 뜻에 따라 동인이 되었다.
이진홍 선생님과 문우들, 마음은 날개를 달고 허공을 나는 기분
특히 선생님의 자상한 가르침과 인정 넘치는 말씀, 늘 감사하다.

지난날 풀무불로 연단된 언어의 정수를 얻고자 했으나
헛된 자만심에 빠져 허송한 세월 그 얼마던가
따라서 시인은 절박한 존재며 고독한 존재다.

그때는 홍안의 소년이었으나 지금은 나이 팔십을 헤아리고
여기 상암천 물이 흘러가듯 세월 또한 나를 백발로 밀어낸다.
이제 나의 시에 가식이 없기를 바란다.

시를 출판해 주신 대구문인협회 이사장 장호병 선생님께
거듭 감사를 드립니다.

2015년 봄

차 례

제2부 문득 무학산이

제3부 기이한 암시를 남기다

제4부 성체함 燈

제1부
안경을 벗으며

관수재

요즈음 나는 내 방을 관수재라 칭하고 글을 쓴다.
물을 본다는 뜻보다 그저 具常 시인의 관수재를 내 서재 이름으로
잠시 빌려 온 것에 불과하다. 나이도 들고 평생 쓰는 글이라 하나
젊은 날 같은 힘이나 배짱도 없이 나날을 무료하게 허비하곤 한다.
감나무 한 그루 여름이면 커다란 천막처럼 그늘을 던지고,
나는 거기 누워 관수하는 심정으로 나날의 마음을 흐르는 물에 씻으나
사람의 마음이란 묘하고 참으로 표리부동 할 때가 있다.
간사하다고는 할 수 없으나 보다 힘 있는 자에 머리 숙이거나
옹색한 글에 헛된 수식만 더할 뿐 평생 동안 이루어 놓은 서책 하나 없다.

그저 남은 여생을 관수하는 편한 심정으로 흐르는 물에
마음을 실려 보내거나 이름 지어 딱히 할 말도 없이
그렇게 사는 나날이다. 물을 보는 나날이다.

자신의 盲點에서

하나의 단순한 질문에
쉽게 대답할 수 없는 것은
내가 걸어온 길 어딘가가
잘못되어 있기 때문이다
어느 시승의 말이 아니라도
길에 나가 길을 물어보는 이치,
아직도 나는 길을 물을
준비가 없음을 놀라워하고 있다
그 말의 뜻이 어디에 있고
나에게 무엇을 남겼는지 알아야 하였으나
만년에 와서도 나는
길을 물을 준비가 없음에 놀라고 있다
노송가지에 이는 바람소리 같은
물음을 외면한다면
이러한 자신의 맹점에서
무엇을 더 물을 것인가

안경을 벗으며

안경을 벗어 탁자 위에 놓는다
바람이 대숲을 흔들자
안경알에 비친 저녁 햇살이
창밖의 물상들을 밀어낸다
골목길엔 비둘기 울고
전신주와 후박나무 혹은 도시의 지붕들이
내 안에서 파도로 부서진다
추억의 갈피에서 솟구치는 비애가
뭉크의 절규를 쏟아낸다
젊은 날들은 송림 사이로 지나가고
오, 하늘을 고통으로 물들이는
장엄한 노을을 향해
안경알에 묻은 저 빛깔 위로 눈부신
성당의 십자가 길에 눕는다

돈오의 조각을

사방은 고요하고 물안개 자욱하다
비가 내리고 산 어디서 뻐꾹새가 운다
아침을 여는 저 소리 산야에 펴지고
가슴에 신선한 파문을 일으킨다
또다시 들리는 뻐꾸기소리 내리는 비와 함께
어린 시절의 산사로 나를 이끌어간다
산사의 법고소리, 백발의 나와 동안의 나를 묶어
悟道의 세계로 실어간들
마음의 흔들림 또한 내리는 비와 같아
부지중에 무명계의 혼란을 느낀다
문득 무학산이 멀어지고
나는 頓悟의 조각을 줍는다
이 이른 새벽에

不眠

밤은 내려와 은밀한 눈을 뜬다
때늦은 십일월은 종일 비를 뿌린다
담장과 철조망, 동흥섬유 소각장 굴뚝이
창문 저 편 외등 뒤로 물러나고
내리는 비는 가슴 앓은 여인처럼 흐느껴 운다
난로 위에서 끓고 있는 커피 냄새가 코끝을 자극한다
낡은 축음기로 황성옛터를 틀어놓고
추사의 세한도를 생각한다
창문을 열고 비의 냄새를 맡는다
축축한 어두움이 먹물로 묻어날 것 같다
달아난 잠은 외등위로 올라가
외롭게 앉아 있다

비밀번호가

현수막 걸린 틈 사이로 열린 하늘에
은행통장 비밀번호가 아른거린다
통장에서 이채된 전화 의료보험 카드사용료,
나는 숫자로 존재하는 인생이 아닌가?
나무찬합에 담아둘 수 있는 호수라면,
호숫가 나무 그늘에 주저앉아
김관식과 천상병 시인을 불러
소주를, 그래 소주나 마시고 싶다
열린 하늘은 납같이 무겁고
무학산 놀만 붉다

秋日 午後

낮은 집들은 버들숲에 반쯤 가리고
바람과 구름은 날짐승처럼 하늘을 비상한다
가을날 창백한 빛살 포도밭을 지나
작은 오솔길에 닿는다
그곳에서 또 다시 시작되는 뿌연 들길
산꿩이 송림에서 울고 있다
가을날 오후 나는 시 쓰기에 열중하고
서문다리 밑에서 들려오는 물소리만
내 귀에 찰랑인다
도립병원 지붕 위에선 비둘기
구구구 시를 쓴다

흑판의 낙서처럼 걸려있다

시간 저쪽 지난 일들이
흑판의 낙서처럼 걸려있다
폐쇄한 묵정밭 울타리 너머로
소쩍새 날아간 후론
삶은 지치고 허물어져 갔다
전생이 남긴 폐허 또한 그러하고
비애가 흘러간 자리에서
깊은 잠 어둠 속을 불 켜 보면
골 깊은 주름살만 뚜렷하고
그토록 긴 시간 이토록 짧아
시간은 가늠할 수가 없었다
투명하던 것들은 사라지고
찻집 歸天 비에 젖는다

말 못할 긴 사연

흐린 날, 사과밭 철문 닫히고 골목은 비었는데
담 옆 진홍빛 석류꽃 유난히 눈을 이끌고
추녀 사이 시커먼 하늘은 웅덩이에 고인 물처럼 조용하다
상암 강가를 하릴없이 배회하다 조약돌 던지면
수면을 거스르는 파문에 울적한 마음도 부서진다
지금 무엇이 저 석류꽃에다 내 시선 자주 꽂히게 하고
무엇이 나를 당혹케 하며 불안하게 하는가?
지난 날 가슴에 지른 불, 그 불길 아직도 하늘을 덮고
자욱한 연기로 강둑과 무학산 자락을 가리고 있다
그렇다, 고약한 나날들 이미 내게서 떠났지만
나는 오늘 강가의 어둑한 송림과 들판 헤매는 까닭을
이제와 백발로 말하기란 어렵다
생명 있는 것들 모두 반짝거리는 여기,
다만 이렇게 있는 것만으로 족하다

시인의 서재

건물 벽에 반쯤 잘린 산과 숲
서재 책상에 놓아 둔 흰 풀꽃을 보고 있으면
어느새 나는 하늘을 비상하는 구름이 된다
힘찬 곡선을 그려내는 독수리의 날개가 된다
숲은 비와 태풍이 지나간 자리로
아픈 상처를 드러내고 저들 왕성한 생명력은
여인의 유연한 나신으로 깨어난다
과녁을 향해 날아간 화살 탄력으로 꽂히고
투명한 유리알로 드러난 옥색 하늘,
아득한 허공과 무성한 숲에는
시인의 예리한 눈이 명중한다
거기 반짝이는 불꽃

晚年

기다리는 긴 시간에 지쳤고
지금은 지난 시간이 아쉬워진다
평생 글쓰기로 일관하였고
이상은 높은 하늘에 걸어두었어도
오늘에 와서 생각하면 도로에 그쳤다
송림으로 올라 먼 산 바라보고
흐르는 강물에 마음 두었어도
댓잎 흔들리는 소리보다 못했다
마음 수양 이러하니 남긴 글 오죽하랴
밭에 나가 묵정밭 둘러보고
밭둑에 앉아 풀꽃 씨앗
정신없이 바라보다
생명의 소중함을 깨달았을 뿐
달리 이루어논 일도 없다

그러니까 나는

그러니까 나는 고양이처럼 잠잠하다
강한 바람은 단단한 순금을 캐어내기도 한다
나는 기도로 영혼을 채우며
무한한 은애 속에서 걸어나와 빛의 중심에 선다
별, 나무의 열렬한 소망이 내 주위를 감싸나
유령의 그림자로 흔들리는 나뭇잎의 한숨 속에서
나는 그 누군가를 기다린다
기다리는 일, 그것은 들길을 걷는 것처럼 유쾌하다
거대한 힘으로 영혼의 불꽃을 쏘아올리는 것 같다
이것이야말로 항구로 돌아오는 배와 같은 것이다
그러나 권태 또한 부릅뜬 눈으로 나를 주시한다
무한한 괴로움으로
피할 수 없는 죽음에 진입한다
부드러운 나날과 무거운 나날은 뒤섞여
형상을 알 수 없는 밤의 침묵으로 변하기도 하나
내 기침소리 멎자 창백한 달은 떠올라와
수송나무 죽은 가지를 비춘다

뜨락에 앉아

어두움이 밀려오고 개짓는 소리
한촌 우거에 들린다 인간사 새옹시바라
난세도 아닌 시절 고사인들 무슨 소용인가
사람인지라 화보단 복을 기원한다
북쪽 먼 산, 떠가는 구름 바라보니
모두 부질없는 짓 관수재 뜰에 앉아
피는 풀꽃 바라보는 일만 못하다
미당시첩 뒤적이다 일어난들
오늘은 물소리 새소리 하나 없고
사람 그림자도 없다 돌이켜 보면
지난 날 헛된 자만심에 빠져
허송한 세월 그 얼마던가
이제 와 탄식한들 무슨 소용이랴
바람 불고 꽃이 진들
빈집 뜨락만 우두커니 바라볼 뿐
물을 보는 일로 나날을 보낸다

절망 너머로

먹구름 번개, 뒤엉켜 용트림을 한다
절벽 아래 흐르는 강물도 출렁거린다
예부터 사람의 삶은 강에서 이루어지고
수많은 생명이 명멸하다 묘지에 누운 후
우주의 신화 속으로 들어간다
그 신화의 한 귀퉁이를 돌아
절벽 위에 핀 한 송이 꽃을 유심히 보자
꽃은 웃으면서 나에게 말한다
당신 눈에 뜨인 나는 천년 전에도 피었고
당신이 보지 못했던 이야기를 전하려 해도
오늘에야 나를 산 이름으로 부르니 웃을 뿐이다
당신이 내가 웃는 의미를 알 수 있다면
꽃잎 속에 숨은 피와 폐허를 읽을 수 있으리라
넋을 잃고 꽃의 속삭임에 귀 기울이자
노을 속 절망 너머로 새가 날아간다

번개

검은 구름과 암흑의 격렬한 혼돈을 뚫고
날카로운 빛이 번쩍 허공을 환하게 갈리놓았다
순간, 고통의 칼이 억센 가슴뼈로 무장한 진홍빛 내 심장에
깊이 꽂혔다 그리고 정적, 시간 위에는 흔적이 남지 않는 법,
번개는 당당하게 사라졌다
예루살렘을 정복한 개선장군 티투스처럼

세월을 낚는다

江上의 빈 조각배
다 저문 날 물결이 흔든다
불빛 하나 보이지 않는
어둠 속 고독한 시간이 모여와
날짐승 둥지에 깃든 온기를 불러낸다
생의 우여곡절 수자레 거듭하다
강물이 흔들리는 순간
남루한 생의 한 조각을 건져낸다
돌아보면 지난 세월도 아득해
매화가지 하나로
빈 세월을 낚는다.

길

물방울 투명한 것들 속에
세상이 잠시 보이고 섬돌에 그늘진
댓잎 바라보니 이 또한 서늘하다
어딜 가냐고 물으면 딱히 할 말도 없고
그래서 눈뜨면 길을 가는지 모른다
심산유곡 오리나무 위 쪽빛하늘
갈대 흔들리는 물가를 지나
길이 아니라도 가는 길은
마음이 먼저 그곳을 걸어간다
길은 어디에나 있고
언제나 길은 끝이 없다
동자승 절 마당 쓸고
가는 길 우물에
댓잎하나 떨어지고

도종환을 읽다가

접시꽃 당신 도종환을 읽다가
내가 살던 초가집의 발그레한 불빛이 생각났다
그 낮은 집들의 정적이나 뒤란의 조밀한 그늘이며
옛길에 움튼 추억의 잔해 틈새로 피어난 살구꽃,
그것들이 지금도 나를 놀라게 한다
여로와 같은 아득한 향수도 달려온다
초가집에 살던 사람도, 총성의 모진 세월도 지나고
이제 녹슨 철조망 위로 거미가 성긴 그물을 펼치니
시간 저편의 아픈 추억도 그리움으로 풀린다
나는 이제 도시 남쪽 끝으로 와서
모래톱에 가물거리던 버들대신
공장의 검은 굴뚝과 녹슨 지붕 아래에 서 있으나
영덕산 무덤들 사이에서 여전히 칡을 캐던
어린 날 기억 속을 헤집는다 오늘 아침 마당의
접시꽃을 바라보며 도종환을 읽다가
아득한 추억의 잔해 속을 헤매고 있다

가을햇살을

어린 시절이 한 폭 수채화로 남는다
실버늘 늘어선 길가, 그늘진 낮은 집들
일식으로 어두워진 해를 까만 유리로 보고 있던 일
귀에 익은 서천 물소리 성당지붕에 날아 내린 비둘기
뚜우 하고 정오를 알리는 사이렌
다리 위를 오가는 사람들 채소 실은 달구지
그날 이후 기억 속에 자란 그 조각들
시로 열매를 맺기 시작하고 나는 가을햇살을 기다린다
서가에서 산문시 "프라테로와 나"를 꺼내들자
비에 젖는 유리창 너머로 첼로를 든 노인이 지나간다

無常

방문을 열고 칙칙한 담장과, 비 그친 뜰을 내다본다
구름 가득한 하늘은 電線을 가르듯 새들이 날고 있으나
시야에 잡힌 새들은 날아가다 하나의 점으로 사라진다
골목을 지나 행길가로 나오자 웅덩이에 고인 물하며
포도밭은 들판 가득히 펼쳐지고 강물은 소리내어 흐른다
무료한 생각에 具常을 읽고 있으나 마음 잡히질 않아
옛 여의도와 지금의 여의도 輪中堤를 생각한다
가물가물한 기억 더듬어 青田 화백의 고택자리를 떠올렸으나
잠시 든 혼곤한 잠에서 소스라쳐 깨어났다
그때는 홍안의 소년이었으나 지금은 나이 칠십을 헤아리고
여기 상암천 물이 흘러가듯 한강 물도 흘러갔다
장강의 뒷물이 앞물을 끊임없이 밀어내듯이
흘러가는 세월 또한 백발로 나를 밀어낸다
아하 생의 실체란 본시 덧없는 것

시인의 불행

시를 쓰기 위하여 유랑하였다
부패한 여러 도시와 협소한 서재에 틀어박혀
괴테나 밀튼 같은 여러 봉우리에서 나는 휴식조차
잊었다
준엄한 산머리마다 겨울은 내려와 쌓이고
자칫 유랑하는 자는 불과 시의 자질에 곤혹을 느껴
거칠고 푸석한 돌만 손에 쥐었을 뿐
시인의 내부에서 회오리치는 운은 무엇인가
만상을 휘어잡았다고 생각한 순간 손에는
공허하고 터분한 구름 같은 가락만 남아
나른한 수면과 몽상만 유일한 힘이 되는구나
만상을 속속들이 시인의 손으로
유현한 우주와 자아에의 현상을 파헤쳐
그 정수를 종합하거나
오직 풀무불로 연단된 언어를 얻고자 했으나
음산한 회오리바람이 밀려오고
폭풍 속에 드러난 시인은 이미 죽어있구나
죽은 언어로 된 낱말들만 남아있구나

뜨락을 바라보며

새들 깃털같이 보드랍게 흐린 하늘이다
도라지 옥수수 무잎은, 미동 하나 없이 그늘이 진다
헛간으로 밀려난 폐품 같은 정적 속 험난함이 있을 뿐이다
새들이 와서 울고 있으나 고즈넉한 정적 깨트린 것은
골목을 지나는 경운기 파열음! 뜨락을 그물길이 흔들었다
일어나 창문을 열고 먼 송림을 눈여겨 두나
길은 가파른 언덕을 내려오다 포도밭에서 정지한다
생각하면 인생이란 험난한 길 오래 걸었으나
내방에 놓인 수석 같은 깊이나 품격은 찾을 수가 없었다
輪中堤에 우두커니 앉아있을 具常을 생각하면
그분의 인품만한 높이도 없고
測鉛線같이 해저 깊은 곳에 닿을 수도 없다
망연한 생각에 우두커니 뜨락을 주시할 뿐

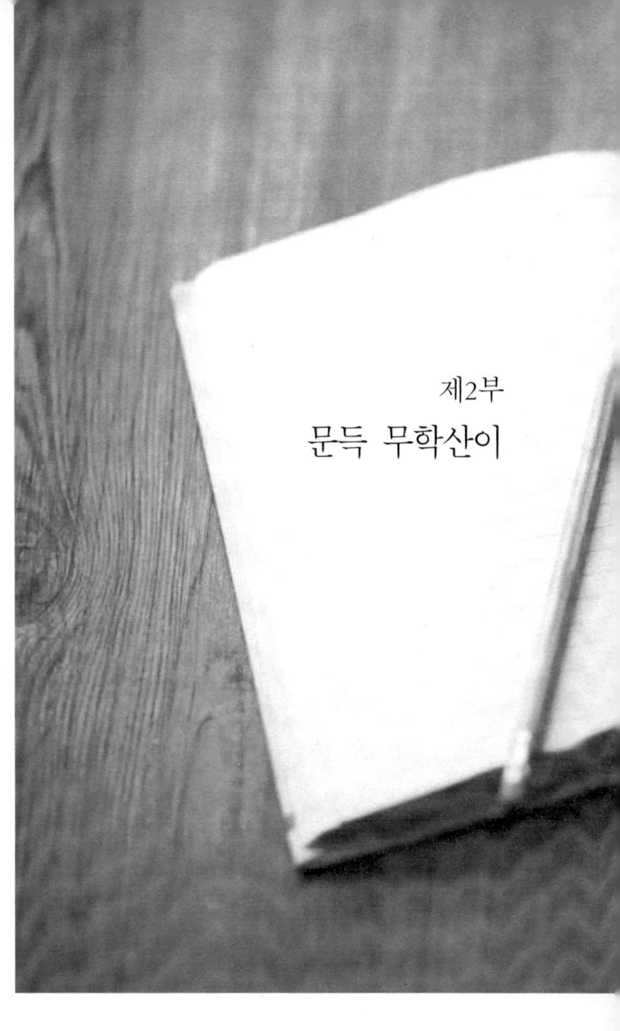

제2부

문득 무학산이

貧者一燈

貧者一燈 그대 발밑에다 놓는다
마리안 엔더슨의 노래가 머물다 가면
저녁강에 바람이 분다
안경 너머 성당 탑이 솟는다
바람소리 멀리서 들리는 날
貧者一燈 그대 발밑에 놓는다
누가 성당 문을 열고 있다
저녁 미사는 끝나고

문득 무학산이

날선 바위 강가의 빈 배 흔들리는 나무들
해가 좀더 내려앉자 뜰은 병아리 부리 같은 황혼이다
도라지꽃이 웃고 헛간은 무료한 입을 벌리나
골목을 덮는 정적 사과나무 밭길은 와, 초록빛이다
저무는 강에서 불타는 붉은 해를 보고 있으면,
뒷산 송림에 까치 두어 마리 날고
저들 비상 먼 지평 끝을 열어가고 있다
안경 너머 문득 舞鶴山이 다가선다

달디 단 果肉으로

어두움은 비단실 짜듯 내리고
달은 허공에 고운 알몸 살포시 드러낸다
누군가 중국 도자기 같은 고혹한 음악을 틀고
어느 틈에 노송가지 굽은 허리 펴고 나면
별들은 시월의 창문에 와락 몰려와
맑고 투명한 보석인양 빛난다
지난여름이 왕성한 식욕으로 빚어낸 과일들
이제 달디 단 果肉으로 넘쳐나
여인의 속살 같은 수즙음 몰래 감추고
달빛은 그 위에 황홀한 춤 즐기나니
홀로 있는 이는 듣고 젊은이여
일어나 노래하라, 축복받은 삶의 나날을

살구꽃

어렸을 때다
소학교 2학년 때던가
허기가 진 하교길
남의 집 토담 밑에 앉아 있었다
그 날 살구꽃 연분홍빛은 하도 고와
구름도 햇살도 빛을 잃고
나는 한 폭 유채화를 보는 것 같아
한동안 눈이 부셨다

다 늙은 지금에도
연분홍 꽃잎과 토담에 트인 하늘이
나에게로 내려온다
고풍스런 언덕 위 흰 집들과
정오를 알리는 사이렌 소리에
구름이 황홀함에 취하여
또다시 혼미해진다

고향

싸리울에 앉은 새들 날아가고
마당에 내린 칼 빛의 대낮
이런 날은 노을진 국밥집 생각나고
맨드라미 꽃씨 여물어 가는 그림자 길다
하리*에 사시는 할아버지 글 읽는 소리 낭랑하고
창호지 봉창에 붙인 단풍잎 서너 개
할머니가 숨겨둔 약과를 먹던 일
두레박에 고인 푸른 하늘
토담 벽에 자란 뽕나무 먹오디
버드나무 주위를 빙빙 도는 매
둥지의 먹이에 화살 같이 꽂힌다
처마 밑 제비 알을 품고
한가로운 고향 풍경이다

* 마을 이름, 저는 상리에 살았습니다.

대추밭에서

상암다리 건너편 외딴 가게에서 산
막걸리통 자전거에 싣고 달린다
푸른 송림을 지난 산 아래 대추밭
어머니는 이고 온 새참 함지박을 내리며
강 건너 먼 곳 마을을 바라본다
봄날 아지랑이 같은 아련한 그리움이
강촌바람을 타고 가오리연으로 날아간다
구름 한 점 없는 가을 하늘
후두둑 대추알 떨어지는 소리가 저녁을 흔들고
경운기에 가득 대추자루 실려 떠나간다
품앗이 온 동네아낙들 떠드는 소리 때문인가,
아버지가 마시던 막걸리 한 사발에서
소쩍새 한 마리,
푸드득 날아가고 있다

사월, 어느 날

안개 자욱한 아침 버들잎은 싱그럽다
사월의 꽃을 받든 저들 잘디잔 숨결은 일어나
꽃핀 자리에서 오월을 기다린다
가슴 속에 일어난 찬바람 헛간과 장독대를 돌다
뒷산 까치집 그늘에 부딪힌다
풀잎은 쪼그리고 도라지 잎은 기지개를 편다
細雨靑江이라 옛 시의 그늘로 오는 시간에
들길을 걸어 송림으로 돌아오는데
파리한 아픔은 심장의 벽을 헐어낸다
너에게 가는 사랑은 아직도 마음을 괴롭히고
화살 되어 내 심장 깊숙이 꽂힌다
시의 시원을 찾아 헤맬 때도 그랬다
가슴에 붐비는 소란 지난날의 아픔,
4월의 바람 속으로 날려보낸다

표충사에서

밀양민속촌 강변에서 바라본
세 개의 바위 모양이 특이하였다
흐르는 강물에서 하늘을 건져 올리고
바람의 音階를 타고 올라가자
집과 산이 거미집같이 보였다
허공의 높이에서 현기를 느낀 나는
지상이 그리워져 다시 내려와
집과 사람을 만나니 빈 허공보다
외로움은 덜하였으나
표충사 경내에 앉아 오가는 사람들과
절집의 적요 나무 끝에 앉는 것을 보았고
순간 적멸의 즐거움이
나를 사로잡았다

어느 날, 하오

그 날 나는 산문 앞에 있었고
발목 시린 계곡물이
날선 비수로 일어나
하오의 절간을 겨누었다
수면을 떠난 빛살이
절간 마당을 덮고
먼 산, 뻐꾹새가 울었다

그 비수, 청동빛이
아직도 내 눈을 찌른다

보낸 편지엔

가야금 청아한 음조 퉁기듯 울 밖을 날자

거기 산자락 높은 소나무에 학이 내려와 앉는다

날아 내린 학이 날개 접는 소리 속에 정지한

고요한 그늘로 산들 울림을 불러오듯— 행간엔

보이지 않는 슬픔, 학처럼 울고 있다

등 굽은 할아버지

울 안 유리창에 물든 노을
감나무에 달린 홍시, 홍시 같다
심상소학교 아름드리 버드나무
까마귀 울음 반쯤만 듣는다
길가에 엎드린 연초저장고 그림자,
수수밭 저쪽 나일의 황홀한 형해
도리깨질하는 마당의 지붕 끝에 걸려있다
어미가 아이를 부르고
삐걱 열린 대문 사이로
할아버지 굽은 허리가 보인다
동천 갈밭 대박골 움울한 정적
찬연히 쏟아지는 핏물

萌芽, 그 가락의 울림

탁자 위의 정물, 그 아름다움을 포착하듯
버들이 아침 강에 비친 그림자로
허공을 날아간 새의 흔적을 암시하듯
가슴에서 갓 건져낸 언어의 맹아는
어둑한 사원의 원주를 돌다가
우리들 옆에 앉는 비둘기를 본다
한 줄 시가 우리를 사로잡는 것은
마음 밭을 헤쳐간
맹아, 그 가락의 울림 때문이다

봄날 · 1

똑 똑 똑,
누군가 방문을 두드려 내다보니
바람이 슬쩍 들어와
마당에 라일락 향기 엄청나다 전한다
담 너머 문득 쑥독새 울음소리 들려오고
경사진 뒷산의 송림 사잇길이
아이들 웃음소리처럼 환하게 떠오른다
모두들 어디로 갔는가
강 건너 산그늘에서 너울거리던 학이
사과밭으로 날아드는 오후
산과 들이 온통 연둣빛인데

꿈속을 적신다

가만, 내 꿈을 잘라 속을 보니
연둣빛 봄날 건너편 숲은 겨울바람 불어
너의 모습 비쳐지질 않고
강둑길 버들만 세차게 흔들린다
농익은 봄날 빛살 우우우 울음 우는 소리
귓가를 스치며 지나가고
언덕의 은사시나무 호젓한 들길
새 한 마리 앵두꽃 가지에 앉는다
천둥 요란할 꿈속을 잘라본들
네가 없는 오늘 그리움만 우르르 몰려와
햇살 비친 창문 밑에 쪼그려 앉아
유리잔 속 투명한 물방울인 눈물로
잘라낸 봄날 꿈속을 적신다

고양이 숨결 같은 봄

봄은 들길로 와서 나에게 살포시 안긴다
바람은 물 오른 가지의 잎사귀를 부러워한다
삼월 하늘은 유리문에 갇힌 차디찬 겨울그림자
앞집 버들가지 흔들릴 때마다
뜰 안은 온기로 웅성거린다
노란 꽃을 피운 꽃들의 빛깔 고운 얼굴
포도밭 적막한 산길을 지나
헛간 안 녹슨 쇠사다리와 전신주,
푸른 웅덩이에 비친다
지붕을 치고 가는 바람의 무딘 울음소리
길가 묘비석 마냥 차갑고 쓸쓸하다
그 칙칙한 색조에다 나는 어떤 채색을 입힐까
문득, 개짖는 소리 석양의 핏물로 번진다
까치집이 그려낸 간밤 소란과 꽁꽁 얼어버린 마음
꽃 빛살로도 녹일 수 없고
운흥사 마당의 눈부신 벚나무꽃
고양이 숨결로 가르랑거린다

저녁별

강물로 흘러가는 비애를 건져
하늘에 반짝이는 저녁별로 올린다
광야에서 외치는 소리 번개를 부르고
묘지의 침울한 정적을 깨트리면
작은 노새 프라테로여 너는 모게르지방의 황혼을
나는 네 고향 모게르의 포도밭을 떠올린다
여기 상암천 금호강에 이어지고
무학산이 포도밭을 내려다볼 무렵
집들 사이 훤한 들길로 나와
농가의 고즈넉한 풍경을 바라본다
그 때, 이상하다 저녁별 하나
가슴에 환한 꽃등을 단다

* 모게르 J R 히메네스가 태어난 고향

정적

오동나무 간혹 흔들린다
허공을 응시하는 말없는 나무
까치둥지-추녀 끝에 배시시 걸린 하얀 낮달
오동나무 그림자 주춤하자 뜰은 고요하다
낮달, 지문처럼 엷게 번져가는 정적
거미줄만 잠시 흔들렸을 뿐

봄날 · 2

고요하고 허탈하게 보이는 하늘이다
濯瓔선생의 죽음 같은 섬뜩한 봄날이다
길 떠나 바람 서늘한 강가에 머물고 있으나
구름 꼬인 하늘 강심을 測鉛해 보는 무료한 나날이다
송림에 옮겨 앉은 까치울음 예사롭지 않다
언덕길 어디서 거문고 뜯는 소리 들리나
애절한 음조 아찔한 허공을 뚫고 올라간다
버들잎만 토담에 날리는 대낮이다

강촌

억새풀 서늘하게 눕고
강상의 배들 산그늘 싣고 간다
언덕에 서서 저녁 해 기우는
능선 위로 부리긴 새 한 마리 날아가다,
흐린 눈에 점으로 사라지고
서쪽 길 가로질러와
노린재나무에 감도는 바람
토해놓은 가혹한 노을의 형해,
강기슭으로 돌아오는 배들
강촌엔 저녁연기 오르고
여물 끓이는 아이들

저녁 풍경

방문을 열고 뜨락을 내다본다
뜨락의 옥수수 키재기로 깔깔거리고 웃는다
팔월 한낮도 지나 황혼은 태양에서 떨어져나온
황금조각으로 빛의 화살을 쏜다
화살은 집들과 후박나무 들어선 들판에 꽂혀
자기 자신이 낸 상처에서 피를 흘린다
하늘 높이 나는 새떼들 그 피를 물고
오렌지 분홍빛 장미꽃을 도처에 뿌리자
골목길 아이들 와락 함성을 지른다
자, 가자 진돌이 우리들이 자주 가는 웅덩이에서
더욱 높이 올라가는 새떼들 축제를 바라보며
황혼이 흘린 핏물을 실컷 마시자
아니 그런가 나의 애견 진돌이

포구에서

가을햇살과 단풍이 그립다
바르르 떨리는 사시나무의 외로움이
뼈 속을 파고 들어와 孤島와 같은
정적을 이루고 있다 포구엔 배들도 잠들고
아이들이 몰려와 바다의 꿈을 캐고 있다
캐어낸 꿈은 공중으로 날아가
아이들 가슴에 꿈의 보석을 심어주고
반짝이는 모래밭, 멀리 고동을 울리며
배 한 척 포구를 떠나고 있다

비 개이고

비가 그치자 노란 햇살 눈부시다
비에 씻긴 집들, 말간 눈을 뜨고
나무들 전신주 물방울을 이고 있다
바람 실린 햇살 마당을 돌다가고
흙담은 명상하는 도승인양 침묵한다

길을 나서자,
보석인양 빛나는 물방울 지천으로 떨어져
절로 고독이 인다
남으로 창을 낸들 함께 앉아
빛살 쪼일 사람 하나 없어
서루움에 다시 집으로 돌아간다

낮달

사과꽃 핀 길 건너 밭두렁을 지나니
푸석한 햇살 밀가루처럼 날리고
바람 불 때 가지가 잠시 흔들렸다
어릴 때 들은 교회당 풍금소리
들길의 가지에 남아 울려난 것일까
사과꽃 핀 곳에 날아온 벌들의
윙윙거리는 소리
네 신발 끄는 소리와 같았다
한적한 들길에 저물 때까지 있으면
낮달도 지나가고
예수의 모습도 보였다
거기 버려진 신발 한 짝,
미루나무의 긴 그림자 위로 부는 바람과
풍금소리도 있었다

두 사람

초가집 창문 불빛이 새어나온다
삼경 야심한 시각 두런두런 말소리 들리고
뒷산 뻐꾸기 울음소리 산촌 정적 깨트린다
한적한 시골길 바람소리에
수수밭 수숫대 흔들리고
별들은 보석으로 문 밖에 떨어지니
가지 끝에 앉은 새
두 사람 밀담에 귀 기울일 뿐
달빛 내린 하얀 마당엔
듣는 이 아무도 없는데
오늘도 소곤거리는 두 사람

제3부

기이한 암시를 남기다

마지막 의미인가 대답인가

홀로 깨우친 것을 말하려하나
골방에 앉아있을 때와 같아 자신 있게 말할 수 없다
오래된 성벽조차 냉혹한 비명으로 떠는 것처럼
생의 난해함 또한 불립문자로 나타나니
언어 이전의 세계는 알 수가 없다
세상사란 뜬구름 같이 있기도 하고 없기도 하여
버리기엔 서운하고 버거운 것인지도 몰라
일체를 뛰어넘는 힘에 해답을 얻지 않을 수가 없다
내가 본 것은 아침의 한때인가
일몰의 저녁 한때인가,
잎 떨어지고 그림자 사라진
돌 틈의 귀뚜라미 한 마리
그것이 내가 얻은 마지막 의미인지,
대답인지도 모르겠다

낙조

감옥처럼 불안한 나날
저녁 낙조 이토록 아름답다
바다 쪽으로 난 길가로
파도소리 신선하게 들려온다
오래 전에 그 소리로 잠을 깨고
파도소리로 종일 꿈을 꾸었다
거기 갈매기 한 마리
푸르고 아득한 허공을 날다 사라진 자리에
저녁 낙조 아름답게 꽃 핀 날엔
나는 집들 벽에 파도를 그렸다
저녁 낙조를 그렸다
감옥처럼 불안한 심사도
목매고 싶은 일도 뒤로 미루며
아름다움에 울었다
마당엔 바람도 없이 떨어진
나뭇잎 하나

茫然한 심사

늦은 밤, 비가 내린다
놋대야에 떨어지는 저 빗소리
구룡사 대웅전 추녀 끝에 매달린 풍경 소리 같아
옷깃 여미며 빗소리 듣는다
늦은 밤 말못할 반가움에
고된 시름을 푼다
생은 본시 덧없다
비를 반기는 돌 틈의 풀꽃처럼
부질없는 망념을 털어버리려 하나
번민의 외투는 여간해서 벗겨지지 않는다
빗소리 들으며 목숨의 한 때를 확인하고자
비 내리는 밤에 홀로 불을 켠다

기이한 암시를 남기다

새벽 여명은 창문이며
느티나무에 선명한 윤곽을 드러낸다
여명이 불러온 고요함은
둥지의 새들을 깨우고
어둑한 동굴에 갇힌 짐승들 비명을 불러온다
머릿속은 잡념으로 가득해
여명의 빛을 굴절시키며 피어난 독꽃은
내 심장 중심에서 죽음의 향연을 벌인다
소름끼치는 향연은 몇 년이고 계속되어
암울한 視界를 만들어내며
나를 허상에 사로잡히게 만든다
그런 어느 날,
새벽 창문에서 뜨락을 주시하는 동안
느티나무에 고요한 빛살 하나,
기이한 암시를 남기고 간다

耳鳴

늪지에 빠져드는 묘한 기분이다
피곤한 것들이 고단한 기지개를 펴자
저녁공기를 우울하게 흔든다
전등을 켜야 할 시간 헛간을 내다보다
인화 안 된 필름 같은 어둠 속에서
뭉크의 절규를 떠올린다
내 귀에 서로 상충하는 소리들이
일렬로 줄을 서다 뒤엉킨다
의식 속에 감금된 아픔이 분출하는 것일까
의사의 진단에서도 보이지 않는
소리의 파도, 참으로 희한하다

길

길을 가다 말고 서고
또 길을 가다 선 길이 대체 얼마인가
들녘에 퍼지는 새 울음소리
내 마음에 도달한 시간을 재며
또다시 나는 길을 걸어간다
다 잊어버렸다고 버린 마음 끝에
강물 차고 오르는 저 새
날아가다 앉는 곳은 어디쯤일까
나는 그 곳을 가늠하며 길을 떠난다
황혼 속 지평이 닫히는 동안에도
길가의 허수아비도 지나치며
나는 쉼없이 걸어가리라

암울한 길

바람이 강물을 치고 지나간다
거기 발간 불빛 하나 사공의 집인가
지금 나는 짧은 시간의 여정을 우울하게 보내며
어두운 강가를 걷고 있다 강안의 나무들
여인의 헝클어진 머리칼로 흔들리고
높이 사란 나무 구름과 번개 혹은 폭풍우를 두려워
하듯
나 또한 깊은 곳에서 일어나는 전율을 두려워한다
한밤중 옆방에 죽음이 내린 섬뜩함이다
때때로 꿈을 꾼다 갈매기 날아가는 푸른 바다와
행간에 숨겨진 소녀의 사랑을 확인하고
걷던 길 돌아와 객사의 문을 여니
검은 유리창에 유령 같은 그림자가 어른거린다
유예할 수 없는 시간의 칼날이 번뜩인다

흑암

흑암이 나를 지배한다
직선의 빛이 어두움과 충돌하였을 때의
그 신선한 순간도 먼 일이나 다름없다
흑암은 통로도 없고 탈출할 수도 없다
동굴에 갇힌 짐승의 비명이나 절규 같은 소름일 뿐이다
흑암은 무덤과 통하나 불면으로 일관하고
의식의 흐름은 있으나 망각은 없다
돌틈의 풀들이 빛을 향하는 본능도
먼 곳 뇌성이 비를 품고 올
기다림이나 기대도 없다
단순한 의문표 하나 가슴에 걸 수 없고
밀항과 탈출의 긴장은 더욱 없다
도처에 흑암이 깔려 있을 뿐
침묵만 사방을 지배한다

병과 권태

금세 겨울 어두움이 몰려오고
자리에 누웠으나 두통은 심하다.
가벼운 현기증에 손끝마저 파르르 떨린다.
이따금 가슴도 몹시 두근거린다.
안정제와 진통제를 먹고 나서
상체를 일으켜 벽에 기대어 앉으나
사각의 어두운 창문에는
시린 바람에 별들이 포박되어
칼날 같은 나의 의식을 자극한다
이래저래 추운 겨울이다

꿈

자면서 꿈을 꾼다
꿈에선 나를 속박하는 것들이
동시다발 현상으로 나타난다
나를 잡으려 질주해 오는 귀신
흐물거리다 살점이 떨어지는 시신,
악순환을 거듭하다 잠을 깬다
무엇이 의속 속에 남아 나를 괴롭히는 걸까?
낯선 현상의 뿌리를 찾다,
무명으로 황급히 덮어 버린다
지난 날 아픈 추억들 의식 속에 남아
불을 지키는 것일까
의식과 무의식 속의 잔해를
쉽게 처리할 수 없으니
꿈에선 꿈을 꿀 뿐이다

풀벌레

풀벌레 소리 풀벌레 소리
낮게 낮게 흐르는 실개천
작두로도 못자를 소리를
병상 밑 휴지통에 버릴 수도 없어
자연의 소리를 병상의 유리병에 담아두었다
구급차 사이렌 소리에 유리병,
산산 조각난 너희들 혹독하다
고통이 체내를 돌고 병실은 고요하다
집집마다 살구꽃 지고
길모퉁이에선 징 치는 소리가 들린다
마을 축제가 열리는가 보다
세상 고통을 하얀 무명으로 지우고
말목엔 고리만 남은 우시장
풀벌레 소리 다시 들린다
밟혀도 살아나는 잡초로

무덤

시간의 끝에 누울 때
어둠 속에 불을 밝힐 수 있다면
지난날 즐거운 순간을 모아
묘지 밖의 소나무에 걸어 두고 싶다
아니면 그 날들을 어둠 속에 걸어두고
절집의 풍경소리도 담아 두고 싶다
바람 없는 날은 깊은 잠에 들고
가슴엔 불꽃도 없으리니

下棺

흰 풀꽃은 떨고
울타리 덮은 정적 무겁다
뽀얀 구름 골목 밖 미루나무에 머문다
묵정밭에 불어온 바람
弔燈 걸린 대문

온기 없는 배설물
꽃대를 받치던 줄기가 시든다

덜컹,
관은 닫히고

下棺

숲으로 가면

뼈만 남은 숲,
나목들의 깊은 침묵이
병상에 누운 나를 짓누른다
종일 저들 숲의 침묵에 귀를 기울이면
끝을 알 수 없는 긴 터널로 빠져드는 것 같다
빛이 차단된 터널은 어떤 아우성일까?

병상에서 일어나 침묵의 숲길로 들어서자
일몰이 나를 침몰시키듯 몰려든다
검은 침묵 위로 또 하나의 침묵이 덮인다
어둠 속, 길 잃은 나를
숲은 앙상한 팔로 안아준다

그림 없는 액자

그림 없는 액자 속에 들어가
피카소를 그리다 내 자화상을 그린다
싸락눈 오는 날은 골목길 집들을 그리고
홍시 있는 마을 너머 강촌을 그린다
마늘 눈 싹터난 푸른 아침을 그리고
놋대야에 떨어지는 빗소리로 산사풍경을 울린다
쇠죽가마에 여물 끓는 저녁을 보고
해지기 전 불 켠 우사의 소들을 돌아본다
길 가는 나그네 그림자 길게 누운
어스름 산촌의 등불이고 싶다

어딘가 이상하다

언제나 나는 그 자리에 있다
느티나무 밑에서 하루해가 지나가도
처음 앉은 자리에서 떠나질 못한다
기복이 심한 마음의 소용돌이 속에 앉으면
숲길을 걷는 날도 울타리를 날고 있는 잠자리도
하나 같이 처음 자리에서 떠나질 못할 것 같다
깊이를 알 수 없는 심연의 두려움 같은
호수의 바람이 숲을 지나간 고요함 같은
깨우치질 못한 미련 때문인가?
침체 속에 침몰한 아픔 때문인가
그렇다 같은 자리에 앉아 있다는 것은
어딘가 이상하다

자리 털고 일어나자

가부좌로 종일 면벽하고 앉아도
무엇을 보고 또 무엇을 생각했는지 알 수 없다
아침이 오고 밤이 와서 빛과 어두움이 교차했을 뿐
미루나무 가지에 둥지 튼 새가 날아가고
앞 물가 물결소리 안개만 자욱하다
집들 불빛 하나 둘 夜氣 속을 뚫고나가
수면을 나직이 울려가는 소리,
이곳에 칩거한 이의 눈빛은
강상의 빈 배를 눈여겨 둔다
호수는 호수를 품고
바람은 바람을 서서히 풀어놓아
세상은 갑자기 고요하고
정직한 침묵으로 일관하여
거기 면벽한 시간,
구름과 번개를 기다린다
내가 오랜 미망에서
자리 털고 일어나듯

심사도 뒤틀린 날은

봄밤에 바람은 불어오고
뛰는 가슴 불안한 니날은 넌덜머리가 나는네요.
솔가지에 목메고 우는 바람은
불 켜고 앉는 심사에 괴로움만 더하구요
치미는 외로움에 심사도 뒤틀린 날은
주막에 나가 혼자 술을 마셔두요
사는 낙없이 그저 죽고만 싶은 심사는
좀체 가라안지 않구요
술에나 미쳐버리자고 거듭 마셔두요
시죽나무 위에서 우는 멧새소리에
그리운 님 생각 치받혀서 더욱 죽고만 싶은데요
봄 구름은 무심히 뒷산을 넘어 가네요

村暮

물푸레 나뭇가지 대리석 색조로
눈 뜬 저녁 서산에 걸린 해 방안을 기웃거리고
삐걱이는 대문 사이로 들어온 청랭한 공기
울안에 가득하다 저녁은 상추쌈을 먹었으나
힘없이 떨어지는 햇살을 보니 이런 날은
늪시에 빠져드는 기분이다
촌모의 하루 다리 아래 물살소리
한 등 한 등 켜지는 불빛 벼랑의 노송,
골 깊은 산 검푸른 하늘 무거운 구름
화살에 꽂힌 해, 야기 서린 빛살
조용히 저무는 촌락의 저녁

초겨울

아침에 서리가 내렸다
봄날 같은 날카로움이 섬뜩하다
가을은 더 오를 수 없는 절정에서 무너지듯
감나무 가지의 새소리처럼 냉랭하다
어두운 그림자로 빛나는 겨울 부릅뜬 눈으로
송림 사이 바람으로 뒤섞이며 상암천을 지나간다
추락하는 것은 날개를 잃어버렸기 때문이다
잃어버린 날개를 타고 상승하는 것은
쓸려가는 낙엽, 아니면 바람인가?
멀리 시청 지붕의 깃발이 너풀거린다
산길을 내려와 방문을 열자
방안 수석에 학이 날아내린 듯
평안한 고요가 심신을 안정시킨다
문 밖에는 찬바람 혼자 울고

늙은 후에야

길가 고풍스런 돌담집은
고만한 집들 틈에서 유난히 눈에 뜨인다
어느 날 그 집 뜨락을 몰래 들여다보면
허물어진 성터와 검은 고사목 그늘
동짓달 어둠처럼 내려온다
마른 풀 울음 같은 스산한 햇살도 내려와
삼각 어귀에서 회오리바람 이는 날은
들판의 풀과 상여집 낡은 문
하늘을 두려워하는 신음 소리로 가득하고
시선 닿는 곳은 천년 침묵에서 눈뜬 용호의 싸움 같아
나는 돌담집에 숨어 어머니를 기다린다
아이가 어머니를 기다리는 심정은 오래 전에 알았으나
나도 어머니만큼 늙고 나서 내 아이를 기다린다
동천엔 실낱같은 달이 걸린다
마른 가지 마냥 몸이 시리다

그날 이후

그날 이후 아무 말도 하지 않았다
깊은 잠은 사금파리로 빛나던 날의
기억, 혹은 고통과 절망을
묻으려고 묘혈을 팠는지 모른다
겨울날 길모퉁이에서 무참히 잘려나간
너의 풀꽃 같던 모습 눈앞에 어른거려
밤중에 소스라쳐 일어날 때면
어스름 하늘엔 새벽별 빛났고
느티나무 위로 내린 보랏빛 여명이
커튼 사이로 보였어도 무덤 같은
고요 뜰 안에 가득하였다
간혹 누군가 뜰을 밟는 인기척에
나무둥지에 깃든 날짐승 놀라서
날아가는 소리 들렸을 뿐

제4부
성체함 燈

무엇을 더하여 꽃피울까

길과 나무 검은 구름 너희들은
장대한 팔월을 이고 있다
대기의 이동 말이 없고
송림 울창한 숲은 먼 산에까지 이어진다
간혹 나는 깊은 생각에 잠긴다
애초에 암울한 시선 북쪽 허공을 따르다
그마저 시야에서 사라지고 나면
관수재 뜰에 힘없이 선 나를 발견하곤 더욱 놀란다
무엇이 나로 하여금 암울한 덫으로 포박케 하는가
젊은 날 한 여인에 대한 애절한 사랑인가
그리움의 실로 짠 실로 짧은 사랑의 形骸,
이젠 노랫가락만 남았으니 오오
깊이 못 박힌 너 애련의 줄기에다
무엇을 더하여 꽃 피울까

축혼가

어느 때나 너는 너무나 조용하다
웃는 너를 보고 있으면 내 마음 봄날처럼 훈훈하다
너에게는 삼월 하늘 같은 아련한 부드러움이 어울리고
너는 모든 아름다움 감추고 있으나 해풍처럼 드러난다
밭에서 일하며 노래하는 아일랜드 아가씨처럼 건강하고
실로암 백합꽃보다 희고 청순하다
너를 생각하면 뜨거운 연민의 정 가슴 속에 끓어오르고
애잔하고 고운 너의 목소리로 부르는 노래를 들을 수 있다면
세상 온갖 근심 사라지고 새로운 시의 샘이 솟아난다
어쩌면 너는 장중한 기도소리로 혹은
단순한 바람소리로 근심 없이 태여나는구나
오오 작고 귀여운 아가씨 나의 보석이여
내 너에게 시인이 할 수 있는 최선의 운율로 노래하나
이미 내 능력은 보다 못한 차선의 가락을 취할 뿐
너의 아름다움 고결한 정신의 미덕 무후한 순결
어느 하나라도 옳게 너를 노래할 순 없으나
오래오래 행복하라 드맑고 높은
지복한 사랑으로 넘치어라

꽃가락지

농가와 농가사이 미루나무
두 갈래 길에서 언덕길을 걸었다
나머지 한길은 아는 길이라
가는 길은 생소하고 낯설었으나
여울물 울고 새 한 마리 날아가고 나니
들길의 정적 나를 압도하였다
길가 풀섶 꽃송이 꺾어
꽃가락지를 만들었다
어느 소녀에게 줄 안타까움을

분이

유리잔 속에 고인 아침햇살
날아가던 새의 눈에 반짝인다
집들은 고요 속에 잠기고
여명에서 깨어난 아이들
수수밭으로 달려간다
달과 해가 바뀌는 순간
나는 행복하다

분인 우물에서
그 작은 손으로
햇살을 집어 올려
내 집 창문에
걸어두고
간다

꿈의 산실

창문을 반쯤 열고 하오의 물상을 본다
토담 허물어진 곳이 눈에 거슬린다
버드나무 저쪽 까마귀 떼 몰려오고
그늘진 뒤뜰의 창고지붕 눈부시다
눈을 감으면 아내의 웃음소리 나를 놀라게 하나
시간의 끝에 달린 작두 그녀 웃음을 잘라낸다
아하 세월의 무상이란 이런 것인가
골목길 집들 번들거리는 성당탑
살구꽃 지는 날의 글썽한 눈물
나무 밑둥이 유난히 밝다
졸음 겨울 땐 아이들 떠드는 소리 악마 같으나
아이들 웃음소리가 있어야 골목은 산다
아이들은 꿈의 산실이다

무료한 오후 창 밖을 바라보다
고향집 우물 살구꽃 지천으로 깔리고
마을 어디선가 굿하는 소리가 들렸다

수조에 물 채워 마당에 내를 만들고
유리창에 물든 꽃잎도 띄워 보냈다
찌푸린 하늘 비가 오려나

어린 날 기억의 향연
지금은 액자 속 그림이나
두 번 다시 오지 않을 그리움이다

S여 너는

강물은 푸르름이 넘치며 흘러가고
아픔의 실마리를 묻으며 밀려가나 나는,
할 일 없이 풀잎을 뜯으며 먼 산을 바라본다
먼 산 송림 강물, 모든 것 필름처럼
뇌리를 스쳐가고 지난 날 아픔에 둥지 튼
눈물의 집이 넘쳐나 노구를 지탱할 힘도 없다
무엇이 나로 하여금 감정의 기복을 다스릴 수 없게
하는가
생의 바다에 강풍이 일어 믿음마저 헛되고 헛되게
하는가
구름이 잉태한 비 나를 실족케 하는 감성
모두가 덫을 만들어 속박한다
그렇다 여인이여 너는 온화한 미소로 나를 감싸나
네가 서있는 자리의 환한 빛 때문에
근접할 수 없었다
생의 여로에 항시 비를 내렸다

첫사랑

잠들기 어려운 밤이다.
夜氣에 시달리는 맨드라미꽃
꽃은 그림자로 흔들리다 사라진다
회색공간의 불면이 날개치고
어두움을 자르며 별똥돌이 떨어진다
순간 뇌리를 스쳐가는 여인, 여인이
불면의 밤을 번민으로 장식하고
지난날 아픔이 전신을 돌며
외등 위로 올라간 바람처럼
오그라든 심신을 흔든다
그렇다, 희열과 절망을
맛보게 한 그녀 항시 빛의 중심에서 온다
여인의 시선은 심장에 꽂히기도 하고
영혼을 전율케 하는 비수 같아
칼끝의 절정에 서 있었다

그녀가 나를 보고 웃을 때

아카시아나무 틈 새로 보이는 하늘은
늦은 밤 작은 집들 불빛과 별들이 잇닿아 있었다
별들은 잔잔하고 투명한 빛으로 떨다
어두움을 그으며 내 집 창문에 박힌다
불안한 밤은 한기로 웅크린다
그녀가 병실에서 사라지고 없을 땐
심장을 파내는 아픔이 고였다
액자 속 그녀가 나를 보고 웃을 때는 더욱 그러했다
우리가 지은 눈물의 집이 마르기도 전에
또 다른 눈물이 넘쳐 오늘에 이르렀으니
그녀를 너무나 사랑했기 때문인가
길을 걷다가도 병실의 그녀를 생각하면
가슴 속엔 하얀 재만 쌓인다

처자의 뒷모습

헛간에서 놀다간 가을 햇살
구절초에 위에 앉는다 잠자리가 날고
갈수록 좁아지는 구절초 그늘이
동쪽으로 기울어진 것을 보았는가
사과밭 옆 개천 바위를 치는 물소리
닭들은 꼬끼오 울고 가을 하늘은 창백하다
염소가 집에 돌아간 후 정적은
풀벌레 울음소리로 채운다
물동이를 이고 가는 처자의 뒷모습
환하게 빛나고 햇살도 물동이를 따라간다
가을은 짧아지고 처자의 모습만
내 눈에 각인될 뿐

나는 숨죽이고

별들은 창문에 몰려와
투명한 보석으로 박힌다
바람은 어둑한 뜰을 돌다,
외등 위로 올라가
후박나무를 흔든다

문득 죽은 아내의 내음이 난다
목욕에서 갓 나온 그런 풋풋한 내음이다
액자 속 그녀가 웃고
그녀가 웃자
내 아이도 키득키득 웃고,
뭇별들은 반짝인다
나는 숨죽이고

굴복하였다

벽에 힘주어 금을 긋는다
지닐 닐 꿈이 부서지는 소리 들린다
어느 누구도 이해하거나 바로 보지 못한 폭풍이
초경을 부끄러워하는 소녀의 눈물 위로 지나갔다
그리고 번갯불 천둥 불러오듯
질곡으로 고통당하는 이에게 상처를 남겼다
거기서 나는 말할 수 없는 아픔을 삼키며
죽은 자의 침묵을 바라보다 마침내 굴복하였다
눈물 없이 그 옆에 서서

집사람

글을 쓰는 동안 당신은 다소곳이 앉아 있고
구룡사 대웅전 뜰에서도 내 옆에 있었다
외출한 사이 당신은 부엌에 들어가
저녁을 짓고 밥상을 차렸다
삶의 신산함에 얼굴을 찡그리며 돌아와도
당신은 감꽃 같은 해맑은 웃음으로 나를 맞았다
어느 날 당신은 병실에 누웠고
의사는 고개를 저었다
검은 구름이 몰려오고 까마귀 낮게 깔리는 하늘
나는 영정과 함께 당신을 묻었다
이제 어디에도 당신은 없다

새벽꿈에

새벽에 꾸고 난 그대 꿈에
잠은 달아나 우두커니 앉아 있다
가을날 늦은 비 지붕에 구슬피 내리고
놀란 가슴 아직도 뛴다
그대와 차마 나뉠 수 없는 부부라고
심중에 맺은 굳은 언약
백양나무 성긴 가지에 걸어두었으나
고운 산새 하나 날아와 울지 않고
산허리 갈꽃 피어난 길에
꽃상여 하나 붉은 울음 울며 가고
그대 머리카락 풀고 들판 논두렁 가에
혼자 서 있다 언제까지나

아내 사진

개울에서 들리는 물소리
아침 뜨락을 시리게 번져 간다
액자 속 아내사진이 나를 보고 웃는다
웃고 있는 모습은 분명 젊고 발랄한 여인인데,
거울에 비친 나를 보면 그렇지 못하다
아직도 그녀는 이십대 여인이고 매력적이다
다시 들을 수 없는 웃음 뒤엔 지난 세월이
장승처럼 버티고 있다
목이 말라 컵에 물을 따르는데
식탁 옆엔 아내가 우렁각시로 서서
물끄러미 나를 바라보다가 그냥 돌아선다
나는 다시 편찮은 심사에 아내 사진을 놓고
종일 가부좌로 묵연히 앉아서
감나무 흔든 바람소리에도 놀라
알 수 없는 수렁에 빠져든다

그녀 생각

어느 날 논두렁길을 걸어오다
근심스런 심중에 확 불이 당기듯
갑작스런 통증이 가슴에 치민다
걸음을 멈추고 돌아보니
저만치서 울던 도요새 후드득 날아가고
버들가지만 끊임없이 흔들리고 있다

한낮의 그리움

빛살 하나 유리문에 꼬여들고
기척 없는 골목은 홑이불 같은 구름을 덮고 있다
목련가지 하나 삐죽이 담장 위로 나오고
나뭇가지 그림자, 도랑물에 후두둑 떨어진다
벽시계 두 번 울리고
유리문에 걸린 구름 저 혼자 일어나 가고 나면
푸석한 돌가루 같은 바람 제풀에 풀풀 날리고
고풍스런 대문은 삐걱거린다
단조로운 그리움이 대문 사이로 빠져나간다

뜰을 지나 차고 앞에 오자
낯익은 피아노 소리, 앞집에서 들리고
멀리서 마른 우뢰와 무거운 구름이 몰려온다
보랏빛 라일락 후둘후둘 마구 떨고
벽시계 은밀하게 세 번 울리자
따스한 햇살 속에서 옛 아픔이 되살아난다
무너진 담장 옆 무성한 버드나무, 향교 지붕 위를 덮고
향교는 백 년 전 침묵을 불러낸다

라일락 고운 꽃으로 피어나는 이여
신선한 빛살 속을 남몰래 젖은 채 걸어오는 이여
그대 청순한 아름다움 또한 드맑은 열락으로 인도하고
나날의 새로운 그리움을 잉태하며
오래 전 그리움으로 태어난다

그녀의 눈

너는 파도로 밀려와 해안 멀리서
해송의 머리를 흔드는 세찬 바람으로 온다
어선 주위를 떠도는 갈매기와 曲灣에 들어선 작은
집들은
석양을 받아 수평선 멀리까지 오렌지 빛으로 번진다
성당 종소리 힘차게 울리고
그 소리 살라져 세찬 파도에 흩어지고
바람으로 온 너는 성당 지붕을 돌다
잔잔한 해변으로 나와 여러 소리로 울고 있다
거기 번갯불 일듯 아득한 시간 저쪽에서
날아온 화살은 하늘에 장대한 선을 그려내자
바람이나 파도의 움직임에 따라 지나간 수많은 날은
부채살로 펴져 나가 빛의 황홀한 형태로
한 여인의 눈을 살포시 그려낸다
여인의 눈이 빛나고 탐색하듯 강렬한 시선
나에게 고정한다 불현듯 가슴이 달아올라
마주친 두 시선 한 순간에 전체를 합친 듯 하였으나
전날 우리들 감옥에 넘친 비애가 동시에 몰려와
이슬을 담은 그녀의 눈에 겹쳐 보이다
나의 심장에 가라앉기 시작한다

황혼

기이하게 안온한 저녁나절
길과 문 밖은 오렌지빛 하늘이다
새는 날갯짓도 없이 날고 기이한 정적 위로
살포시 끌리는 여인의 옷자락 소리 혹은
여로에서 돌아온 바다의 뱃고동 소리 같은
그런 색조의 하늘이 눈을 뜬다
감나무 하얀 꽃그늘이 돌담집 우물에 고이고
시집간 누이의 볼 같은 아련한 그리움이
떨어져나간 서산의 낙일 위에 걸린다
일몰의 장중한 구름, 제대의 촛불 같이 경건하고
다리 아래 돌틈의 물살에서 피어나는
누이의 자장가 같은 노래여
일상의 내밀한 축복이여

성체함 燈

이따금 성당 그늘이 성모상 앞에 머문다 거기, 빛의 둥지에서 여인이 낳은 가장 성스러운 사랑도 원죄 없이 머문다 내 눈물과 기도에서 석류 속 같이 터져나온 여인, 수난절 새벽이면 더없이 생각난다 지난날은 수레바퀴 마냥 내게서 굴러갔으나 아득한 세월 저쪽 종각 밑에서 제비꽃으로 피어났다 성스러운 사랑으로 꽃핀 여인이여, 내 마음이 당겨질 대로 당겨져 시공을 넘어 쏘아진 화살처럼 그대 가슴에 꽂혀지고 난 이후 이토록 나는 정지된 시간 속에 있다 루오의 그림에서 받은 영감 시의 불꽃을 만들기도 하였으나 내 마음이 미처 준비도 되기 이전에 이미 그녀의 눈빛은 번개보다 빠른 속도로 내 마음을 요동할 수 없는 그물로 감아올려 나는 그 사랑의 덫에서 슬픔과 기쁨을 동시에 누렸다 빛살은 지금 정오의 활기로 넘쳐나고 구름은 흘러가나 어두운 제단의 성체함 등만이 내게 위로가 되었다 어느 수난절 새벽에서 오늘에 이르기까지

소녀

폭격기편대가 날면서
투하한 폭탄 속 밤하늘 바라보던
소녀는 이제 없고
바람 불던 밤에 날아온 새,
사과나무에 앉아있을 뿐
장롱 깊숙이 넣어둔
빛바랜 사진 속에서만
소녀는 웃고 있다

전쟁이 끝난 아침

첼로

안경이 놓인 탁자 너머로
성당지붕이 보인다
첼로를 든 여인이
성당 모퉁이를 돌아나가자
첼로의 저음 같은
9월의 해 가로수에 걸린다
내 어린 시절,
첼로에 열중하던 소녀가
잠시 비껴가고
순간, 붉은 노을에
안경이 물든다

그리움

나에게 있어서 너는 메밀밭에 불어오는 바람이고
너와집 지붕 굴뚝에서 살포시 피어오르는 저녁연기 같아
연기 사이로 바람 사이로 날마다 너는 그렇게 내게로 온다
내가 너와집 지붕 밑에 있으면 너는 바람이 되고
아련한 저녁연기가 되어 호롱불 켤 시간에도 오나
너 오는 소리 호롱불 흔들리는 그림자로
마구간 여물 끓는 소리로 날마다 그렇게 오나
치악산 덮는 구름 계곡 물소리 밟고 온 너는
산사 풍경 혼자 우는 야밤삼경에도 온다

빛살 하나

– 천 년 전 고운 빛살 하나
어두운 유리문 밖에서 밤마다 살포시 내려온다
잠 열은 내게 와서는 마구간 호롱불로 말하다가
후원 적요한 시래기타래 걸린 툇마루에 앉기도 하고
버드나무 우두커니 선 토담 밖으로 날아간다
천 년 전 먼 길을 어떻게 그들이 날아왔는지
또 어디로 가는지 나는 알 수 없으나
영덕산 아래 냇물에다 풀어놓은 순백의 달보다 곱다
그렇다 여인이여! 청순한 그대 보고 난 후로는
밤마다 천 년 전 빛살은 내게로 다시 온다
초저녁 열은 잠에서 깨어나기도 전에

■ 해설

물을 바라보며 부르는 황혼의 노래

이 진 흥 (시인)

* 작품해설에 앞서

십여 년 전 노신사 한 분이 문학동인 <물빛>에 가입했는데 그분이 오늘 이 시집을 출간하는 김학원 시인이다. 초기 그의 작품들은 다소 관념적이고 난삽했지만, 한두 해 지나 관념의 곁가지가 정리되면서 동인들의 주목과 호평을 받았다. 사오년 후 건강 때문에 요양원 생활을 하게 되면서 토론회에 참석하지 못하게 되었지만 물빛 홈페이지를 통해 열성적으로 참여하였다. 그는 가입 후 매년 발간하는 동인지에 한 번도 거르지 않고 작품을 발표하여 작품 수가 90여 편이 되었고, 이번에 한 출판사(북랜드의 장호병 발행인)의 호의로 그 작품들을 묶어 시집으로 내게 된 것이다.

작품해설을 쓰면서도 필자는 김학원 시인의 개인사

에 대해서는 아는 바가 거의 없다. 다만 작품토론 중 스쳐들었던 이야기에 의하면, 그는 1933년 함경도 북청에서 출생했다는 것, 서울에서 약대(중앙대)를 졸업하고 약국을 했다는 것, 결혼 후 부인의 심장판막증 치료를 위해 애쓰다가 마침내는 약국도 접고 기도원을 찾아다니며 전심으로 간호했다는 것, 그러나 부인은 어렵게 낳은 갓난아기를 남겨두고 젊은 나이에 세상을 떠났다는 것, 그래서 늦게 얻은 어린 아들 하나를 홀로 키우며 독신으로 살아왔다는 것이었다. 외롭고 신산한 그의 삶에 위로가 된 것이 있다면 일찍이 소년시절부터 심취했던 괴테와 단테 등을 탐독하면서 틈틈이 혼자 시를 써 왔다는 것, 그리고 음악을 좋아해서 젊은 시절에는 교회에서 성가대원으로 활동했으며, 국전에 입상한 경력이 있을 정도로 그림에도 열중했다는 것 등이다.

그렇게 살아온 그가 뒤늦게 여든이 넘어서 첫 시집을 출간한다. 그는 소위 등단 절차를 거치지 않았지만, 이 시집을 읽는 독자들은 그가 시인의 칭호를 받기에 충분하다고 생각할 것이다. 그는 일찍이 자신의 〈눈물과 기도에서 석류 속 같이 터져〉나와 〈번개보다 빠른 속도로〉 그의 〈마음을 요동할 수 없는 그물로 감아올려〉 그에게 〈사랑의 덫에서 슬픔과 기쁨을 동시에 누〉([성체함등])리게 했던 한 여인에 대한 애절한 사랑과, 〈평생 글쓰기로 일관〉했지만 〈오늘에 와서 생각하면 도로에 그쳤다〉([만년])고 한탄하는 그의 생애를 돌아보면서 평생을 지배했던 모든 것들이 이제 겨우 몇 줄의 〈노랫가락〉으로 남았다면서 이 시집의 표제처럼 [무엇을 더하여 꽃피울까]라며 쓸쓸하게 한숨짓고 있다.

1. 물을 바라보는 심경

김학원 시인의 작시 태도와 심경을 그는 시집의 첫머리에서 [관수재]라는 작품으로 담담하게 밝히고 있다.

요즈음 나는 내 방을 觀水齋라 칭하고 글을 쓴다.
물을 본다는 뜻보다 그저 具常 시인의 관수재를 내 서재 이름으로
잠시 빌려 온 것에 불과하다. 나이도 들고 평생 쓰는 글이라 하나
젊은 날 같은 힘이나 배짱도 없이 나날을 무료하게 허비하곤 한다.
감나무 한 그루 여름이면 커다란 천막처럼 그늘을 던지고,
나는 거기 누워 관수하는 심정으로 나날의 마음을 흐르는 물에 씻으니
사람의 마음이란 묘하고 참으로 표리부동 할 때가 있다.
간사하다고는 할 수 없으나 보다 힘 있는 자에 머리 숙이거나
옹색한 글에 헛된 수식만 더할 뿐 평생 동안 이루어 놓은 서책 하나 없다.

그저 남은 여생을 관수하는 편한 심정으로 흐르는 물에
마음을 실려 보내거나 이름 지어 딱히 할 말도 없이
그렇게 사는 나날이다. 물을 보는 나날이다.

— 「관수재」 전문

관수… 즉 물을 바라본다는 것은 그냥 세상을 바라본다는 말과 다르다. 觀水라 하면 얼핏 조선조 초기 강희안이 그린 [高士觀水圖]가 떠오르고, 공자의 유명한 知者樂水 혹은 노자의 上善若水나 觀水洗心이 연상된다. 그처럼 물을 바라본다는 것은 단순한 바라봄이 아니라 속세의 욕망을 내려놓고 인생과 자연의 무심하고 깊은 의미를 생각하게 한다. 시인은 일찍부터 책읽기에 흥미를 갖고 괴테나 밀턴 혹은 단테를 만나면서 자신에게 닥쳐오는 여러 가지 삶의 현실적인 어려움을 문학으로 극복하려 했고 스스로를 고립시켜 글쓰기에 열중했다. 그러나 이제 생각해보면 〈나이도 들고 평생 쓰는 글이라 하나/ 젊은 날 같은 힘이나 배짱도 없이 나날을 무료하게 허비하곤 한다〉고 말한다. 그의 지난날을 돌아보면 〈간사하다고는 할 수 없으나 보다 힘 있는 자에 머리 숙이거나/ 옹색한 글에 헛된 수식만 더할 뿐 평생 동안 이루어 놓은 서책 하나 없〉이 허전할 뿐이라는 것이다. 그래서 요즘은 그냥 〈관수하는 심정으로 나날의 마음을 흐르는 물에 씻으〉면서 〈그저 남은 여생을 관수하는 편한 심정으로 흐르는 물에/ 마음을 실려 보내거나 이름 지어 딱히 할 말도 없이/ 그렇게 사는 나날〉이라고 한다. 그러므로 이 시집에 실린 시편들은 그냥 〈관수하는 심정으로〉 노년의 근황을 노래한 것들이다.

2. 좌절된 꿈과 자족의 삶

언젠가 물빛 토론모임에서 그는 젊은 시절 단테를 가장 열심히 읽었다고 말한 적이 있다. [신곡]이나 [신생] 같은 소위 고전작품은 누구든지 모르는 사람이 없지만 읽은 사람은 드물다. 그러나 그의 작품을 읽어보면 그의 말이 믿음이 간다. 예컨대 그의 시가 외국 시 번역투의 그것처럼 느껴지는 것도 그 때문일 것이다. 그러므로 요즘 우리 주변에 흔히 만나는 시와는 다소 거리가 있는 듯하지만, 그 점이 오히려 어떤 면에서는 억지스러운 낯설음이나 경박한 말장난 같은 일부 유행에서 떨어져 있으므로 건강해 보이기도 한다. 그러나 문단과의 교류가 없는 현실에서는 아무도 그를 알아주지 않는다. 그는 주변을 살피지 않고 자기 나름대로 〈평생 글쓰기로 일관하였〉지만 별로 인정해주는 사람도 없고 그 자신이 생각해봐도 별로 신통치 않아서 그는 〈오늘에 와서 생각하면 도로에 그쳤다〉(晩年)고 그의 허무감을 토론한다.

시를 쓰기 위하여 유랑하였다
부패한 여러 도시와 협소한 서재에 틀어박혀

괴테나 밀튼 같은 여러 봉우리에서 나는 휴식조차 잊었다
준엄한 산머리마다 겨울은 내려와 쌓이고
자칫 유랑하는 자는 불과 시의 자질에 곤혹을 느껴
거칠고 푸석한 돌만 손에 쥐었을 뿐
시인의 내부에서 회오리치는 운은 무엇인가
만상을 휘어잡았다고 생각한 순간 손에는
공허하고 터분한 구름 같은 가락만 남아
나른한 수면과 몽상만 유일한 힘이 되는구나
만상을 속속들이 시인의 손으로
유현한 우주와 자아에의 현상을 파헤쳐
그 정수를 종합하거나
오직 풀무불로 연단된 언어를 얻고자 했으나
음산한 회오리바람이 밀려오고
폭풍 속에 드러난 시인은 이미 죽어있구나
죽은 언어로 된 낱말들만 남아있구나

—「시인의 불행」 전문

인용시에서 보이는 것처럼 그는 평생 〈시를 쓰기 위하여 유랑〉하고 〈부패한 여러 도시와 협소한 서재에 틀어박혀/ 괴테나 밀튼 같은 여러 봉우리에서 나는 휴식조차 잊〉고 시작에 몰두해왔다고 한다. 그러나 손에 잡히는 것은 〈거칠고 푸석한 돌〉 뿐이고 〈오직 풀무불로 연단된 언어를 얻고자 했으나/ 음산한 회오리바람이 밀려오고/ 폭풍 속에 드러난 시인은 이미 죽어〉버려서 그 결과는 〈죽은 언어로 된 낱말들만〉 남게 된 것이었다고 한탄한다.

그런 좌절 속에서 그는 고독한 자신을 돌아보며 〈낡

은 축음기로 황성옛터를 틀어놓고/ 추사의 세한도를 생각〉(불면)하며 불면의 밤을 보내면서, 그러나 〈지난날 가슴에 지른 불, 그 불길 아직도 하늘을 덮고/ 자욱한 연기로 강둑과 무학산 자락을 가리고〉 있음을 본다. 그리고는 그가 때때로 〈강가의 어둑한 송림과 들판 헤매는 까닭을/ 이제와 백발로 말하기란 어렵〉지만, 지금 그의 주위와 거니는 발밑에 보이는 〈생명 있는 것들 모두 반짝거리는 여기,/ 다만 이렇게 있는 것만으로 족하다〉(말 못할 긴 사연)면서 시인으로서의 좌절에도 불구하고 스스로를 위로하면서 자족의 삶을 노래하고 있다.

3. 생명의 감동 혹은 달디 단 과육

현재 시인에게 삶은 무료한 일상의 나날이다. 그가 바라보는 〈추녀 사이 시커먼 하늘은 웅덩이에 고인 물처럼 조용〉하고 그가 살고 있는 〈상암 강가를 하릴없이 배회하다 조약돌 던지면/ 수면을 거스르는 파문에 울적한 마음도 부서진다〉. 생각해보면 〈고약한 나날들 이미〉 지났고 오늘도 〈강가의 어둑한 송림과 들판 헤매는 까닭을/ 이제와 백발로 말하기란 어렵〉지만, 그러나 마음 한편으로는 〈생명 있는 것들 모두 반짝거리는 여기,/ 다만 이렇게 있는 것만으로〉(말 못할 긴 사연)도 족하다는 느낌이 든다. 그리고 해가 내려앉으면 〈뜰은 병아리 부리 같은 황혼〉인데 〈골목을 덮는 정적 사과나무 밭길은 와, 초록빛이다〉(문득 무학산이)라고 감탄하면서 아름다운 생명의 환희를 노래하기도 한다. 무료하고 고독한 일상 속에서도 때때로 그러한 생명의 환희를 느끼는 것은 무엇보다도 그가 평생 잃지 않고 있는 시심에 부딪쳐오는 재생의 봄빛, 그 빛깔과 향기를 놓치지 않기 때문일 것이다. 또한 〈담 너머 문득 쏙독새 울음소리〉를 듣고, 〈경사진 뒷산의 송림 사잇길이/ 아이들 웃음소리처럼 환하게〉(봄날) 떠오르는 것을 보며 〈산과 들이 온통 연둣빛〉으로 살아나는 [봄날]의 생기를 느끼는 것도 그의 시적 감성이 무뎌지지 않고 새로운 생명의 빛깔로 부활하기 때문일 것이다.

그의 이러한 시심은 오감을 넘나들면서 관능적일 만큼 숨막히는 아름다움으로 충만으로 영글기도 하는데, 예컨대 [달디 단 과육으로] 같은 작품이 그것이다.

어두움은 비단실 짜듯 내리고
달은 허공에 고운 알몸 살포시 드러낸다
누군가 중국 도자기 같은 고혹한 음악을 틀고
어느 틈에 노송가지 굽은 허리 펴고 나면
별들은 시월의 창문에 와락 몰려와
맑고 투명한 보석인양 빛난다
지난 여름이 왕성한 식욕으로 빚어낸 과일들
이제 달디 단 果肉으로 넘쳐나
여인의 속살 같은 수즙을 몰래 감추고
달빛은 그 위에 황홀한 춤 즐기나니
홀로 있는 이는 듣고, 젊은이여

일어나 노래하라, 축복받은 삶의 나날을

— 「달디 단 果肉으로」 전문

이성이 쉬고 감성이 깨어나는 밤의 장면, 예컨대 〈어두움은 비단실 짜듯 내리고/ 달은 허공에 고운 알몸 살포시 드러〉내는 모습은 더할 수 없는 공감각적인 아름다움이고 관능적인 쾌감을 준다. 그리고 누군가가 틀고 있는 고혹한 음악의 선율을 마치 중국도자기에 비유한 것도 청각과 시각 그리고 촉각까지 겹쳐져서 울리는 공감각의 하모니이고, 별들이 〈창문에 와락 몰려와/ 맑고 투명한 보석인양 빛〉나는 장면도 시인의 시선이 아니면 읽어내기 어려운 모습이다. 그리고 바로 다음에 연결되는 구절 〈지난 여름이 왕성한 식욕으로 빚어낸 과일들/ 이제 달디 단 果肉으로 넘쳐나/ 여인의 속살 같은 수줍음 몰래 감추고/ 달빛은 그 위에 황홀한 춤 즐기나니〉는 단연코 시의 절정이라 할 수 있다. 달디 단 과육과 여인의 속살 같은 수줍음 그리고 그 위에 춤추는 달빛이라니… 과연 오랫동안 시적 역량을 키워오지 않았다면 드러내기 어려운 관능적 아름다움과 그것이 불러내는 쾌감 그리고 생동하는 생명의 축복이 펼쳐지는 황홀한 장면이다.

4. 사별한 아내에 대한 그리움

일찍 사별한 아내에 대한 기억과 절절한 그리움은

그의 작품 [그녀가 나를 보고 웃을 때] [나는 숨 죽이고] [집사람] [새벽 꿈에] [아내 사진] 등 도처에서 살아난다. 눈을 감으면 들려오는 〈아내의 웃음소리〉를 〈시간의 끝에 달린 작두〉(꿈의 산실)로 잘라낸다는 잔인한 표현에는 차라리 말문이 막힌다. 시인의 술회에 의하면 그의 결혼생활은 길지 않았다. 앞에서 잠깐 언급했지만, 아내를 살리기 위해 기도원까지 전전하면서 애를 썼는데 그녀는 갓난아기 하나 남겨두고 하늘에 〈검은 구름이 몰려오고/ 까마귀 낮게 깔리〉던 날 세상을 떠난다. 그 후 평생 아내에 대한 그리움은 주변의 모든 사물, 예컨대 구름, 바람, 새, 나무, 들판… 어느 것 하나에서도 예외 없이 묻어나와 그의 시심을 울리고 있다. 지금도 아내 사진을 보면 액자 속에서 〈웃고 있는 모습은 분명 젊고 발랄한 여인인데,/ 거울에 비친 나를 보면 그렇지 못하다〉고 독백을 한다. 사진 속의 아내는 생전의 그 젊은 시간에 머물러있지만 거울에 비친 자신은 어느새 백발이 되어버렸기 때문이다. 그리고 텅 빈 방에서 〈목이 말라 컵에 물을 따르는데/ 식탁 옆엔 아내가 우렁각시로 서서/ 물끄러미 나를 바라보다가 그냥 돌아〉서는 아내의 환영을 떠올리기도 하는데, 그런 날은 아내의 사진을 놓고 〈종일 가부좌로 묵연히 앉아서/ 감나무 흔든 바람소리에도 놀라/ 알 수 없는 수렁에 빠져든다〉(아내 사진)고 그리운 심경을 노래한다.

글을 쓰는 동안 당신은 다소곳이 앉아 있고
구룡사 대웅전 뜰에서도 내 옆에 있었다
외출한 사이 당신은 부엌에 들어가
저녁을 짓고 밥상을 차렸다
삶의 신산함에 얼굴을 찡그리며 돌아와도
당신은 감꽃 같은 해맑은 웃음으로 나를 맞았다
어느 날 당신은 병실에 누웠고
의사는 고개를 저었다
검은 구름이 몰려오고 까마귀 낮게 깔리는 하늘
나는 영정과 함께 당신을 묻었다
이제 어디에도 당신은 없다

— 「집사람」 전문

일하는(글쓰는) 남편 옆에 다소곳이 앉아있는 아내, 남편이 외출한 사이 부엌에서 저녁을 짓고 밥상을 차리는 아내, 삶의 신산함에 얼굴을 찡그리며 귀가하는 남편을 웃음으로 맞아들이는 아내는 주변에서 볼 수 있는 가장 평범하고 소박한 아내의 모습들이다. 아내가 세상을 떠나기 전에 경험했던 일상의 풍경들이 지금 화자에게 얼마나 그립고 안타깝게 다가오는지 형언키 어렵다. 그런 아내가 어느 날 〈병실에 누웠고/ 의사는 고개를 저었〉으며 마침내 〈검은 구름 몰려오고/ 까마귀 낮게 깔리〉던 날 시인은 〈영정과 함께〉 아내를 묻었다. 그리고 아내는 〈이제 어디에도〉 없다. 노년에 이른 지금도 아내의 부재로 인한 적막과 그리움이 꿈과 환영으로 아내를 불러낸다. 그러면 〈산허리 갈꽃 피어난 길에〉 꽃

상여를 타고 〈붉은 울음 울며〉 떠나간 아내는 시인의 꿈속으로 찾아와서 〈머리카락 풀고 들판 논두렁 가에/ 혼자서 있〉(새벽 꿈에)는데 그 모습은 차마 말로 표현하기 어려운 안타까움, 차라리 가혹한 형벌처럼 다가온다.

5. 고독한 병상과 황혼의 노을

돌아보면 젊은 날의 방황도, 여인에 대한 사랑도 강물처럼 지나갔다. 그는 이제 인생의 황혼에 서서 관수하는 심경으로 흐르는 물에 마음을 실려 보내며 〈부질없는 망념을 털어버리려 하나/ 번민의 외투는 여간해서 벗겨시지 않는다〉([茫然한 심사]) 고 말한다. 그러나 그것보다도 더 직접적이고 절실한 것은 노쇠한 몸에 몰려오는 〈겨울 어두움〉과 같은 [병과 권태]이다. 자리에 누워도 심한 두통이 가시지 않고, 〈안정제와 진통제를 먹고 나서 / 상체를 일으켜 벽에 기대 앉〉아도 〈어두운 창문에는/ 시린 바람에 별들이 포박되어/ 칼날 같은〉([병과 권태]) 그의 의식을 자극한다. 그렇게 몸의 고통과 마음의 번민 중에도 참으로 이상한 것은 그가 자신과 세계의 편치 않은 불화를 〈늪지에 빠져드는 묘한 기분〉([耳鳴])으로 읽어내면서 그의 하루하루가 어쩌면 〈감옥처럼 불안한 나날〉인데도 그에게는 〈저녁 낙조 이토록 아름답〉게 보여 〈감옥처럼 불안한 심사도/ 목매고 싶은 일도 뒤로 미루며/ 아름다움〉([낙조])에 울기도 한다는 것이다. 그래서 그에게는 생이 참으로 기이하고 난해하게 보이는데, 그 난해함은 〈불립문자로 나타나니/ 언어 이전의 세계는 알 수가 없〉으므로 〈일체를 뛰어넘는 힘에 해답을〉 얻으려고 신을 찾아 가톨릭과 개신교를 전전하면서 그의 내면에서 분출하는 시심을 따라 시를 써 보려고 했다. 그러나 그 해답은 마치 선문답처럼 알 수 없는 것, 즉 〈… 잎 떨어지고 그림자 사라진/ 돌 틈의 귀뚜라미 한 마리〉(마지막 의미인가 대답인가) 같은 것이었다고 하면서 그는 시금 자신이 알 수 없는 [흑암] 속에 있다고 말한다.

흑암이 나를 지배한다
직선의 빛이 어두움과 충돌하였을 때의
그 신선한 순간도 먼 일이나 다름없다
흑암은 통로도 없고 탈출할 수도 없다
동굴에 갇힌 짐승의 비명이나 절규 같은 소름일 뿐이다
흑암은 무덤과 통하나 불면으로 일관하고
의식의 흐름은 있으나 망각은 없다
돌틈의 풀들이 빛을 향하는 본능도
먼 곳 뇌성이 비를 품고 올
기다림이나 기대도 없다
단순한 의문표 하나 가슴에 걸 수 없고
밀항과 탈출의 긴장은 더욱 없다
도처에 흑암이 깔려 있을 뿐
침묵만 사방을 지배한다

―「흑암」 전문

자신을 지배하고 있는 〈흑암은 통로도 없고 탈출할 수도 없다/ 동굴에 갇힌 짐승의 비명이나 절규 같은 소름([흑암])〉이어서 어떻게 해도 벗어나거나 넘을 수 없는 한계상황이다. 그 속에서 화자는 자신을 〈무덤과 통하나 불면으로 일관하고/ 의식의 흐름은 있으나 망각은 없다〉면서 〈도처에 흑암이 깔려 있을 뿐/ 침묵만 사방을 지배한다〉고 말한다. 캄캄한 어둠과 무거운 침묵이 지배하는 흑암의 상황 속에서 그의 실존적 고뇌와 생의 두려움은 극한에 닿아있고, 그런 상황을 그는 마치 〈인화 안 된 필름 같은 어둠 속〉이라면서 〈뭉크의 절규를 떠올린다([耳鳴])〉고 노래한다. 인화되지 않은 필름처럼 어둡고 알 수 없는 불안이 몰려드는 그의 자리에서 그가 할 수 있는 아무 것도 없다. 그래서 그는 귀를 막고 외치는 그림 〈뭉크의 절규〉를 떠올리는 것이다. 그러나 우리는 김학원의 시를 읽으면서 느끼는 역설적인 긍정의 목소리를 듣는다. 흑암이라는 극한 상황에서도 멈추지 않는 세계와 생명에 대한 사랑과 찬양의 목소리가 그것이다. 그의 일상이 〈감옥처럼 불안한 나날〉이지만 그럼에도 〈저녁 낙조 이토록 아름〉다워서 〈목매고 싶은 일도 뒤로 미루며/ 아름다움에 울었다〉(낙조)고 노래하는 것… 삶의 모순을 긍정하는 생명의 역설이다.

6. 근황, 시인의 詠嘆

시인은 〈지난 날 헛된 자만심에 빠져/ 허송한 세월 그 얼마던가/ 이제 와 탄식한들 무슨 소용이랴/바람 불고 꽃이 진들/ 빈집 뜨락만 우두커니 바라볼 뿐/ 물을 보는 일로 나날을 보낸다 〉[뜨락에 앉아]면서 자신의 방을 관수재라 칭하고 〈그저 남은 여생을 관수하는 편한 심정으로 흐르는 물에/ 마음을 실러 보내거나 이름 지어 딱히 할 말도 없이/ 그렇게 사는 나날〉(관수재)이라고 자신의 근황을 말한다. 그리고 물을 보면서 〈흐르는 강물에 마음 두었〉지만 결과는 〈댓잎 흔들리는 소리보다 못했다〉면서 다만 〈밭둑에 앉아 풀꽃 씨앗/ 정신없이 바라보다/ 생명의 소중함을 깨달았을 뿐/ 달리 이루어놓은 일도 없다〉고 고백한다.

기다리는 긴 시간에 지쳤고
지금은 지난 시간이 아쉬워진다
평생 글쓰기로 일관하였고
이상은 높은 하늘에 걸어두었어도
오늘에 와서 생각하면 도로에 그쳤다
손림으로 올라 먼 산 바라보고
흐르는 강물에 마음 두었어도
댓잎 흔들리는 소리보다 못했다
마음 수양 이러하니 남긴 글 오죽하랴
밭에 나가 묵정밭 둘러보고
밭둑에 앉아 풀꽃 씨앗

정신없이 바라보다
생명의 소중함을 깨달았을 뿐
달리 이루어놓은 일도 없다

—「晩年」 전문

결국 인간 욕망의 한계 안에서 이루어지는 것들, 예컨대 소위 마음 수양을 한다고 무슨 포즈를 취해본다거나 글을 남긴다고 머리를 쥐어짜 봐도 그런 일들은 들판에 댓잎 흔들리는 소리보다 못하다. 그래서 시인은 오히려 생각을 멈추고 그냥 밭둑의 풀꽃 씨앗을 정신없이 바라보는 중에 저절로 생명의 소중함을 깨달을 수 있고, 그것 외에는 달리 이루어놓은 일이 없다고 말한다. 그것이 진정한 의미의 깨달음인지 모른다. 모든 의도적인 것을 버리고 〈부지중에 무명계의 혼란을 느〉낄 때 지금까지 친근하게 눈앞에 앉아있던 〈무학산이 (문득) 멀어지고〉 그때 시인은 〈頓悟의 조각을 줍는다〉고 한다. 여기서 〈줍는다〉는 표현은 길바닥에 떨어진 꽃잎을 줍듯이 그냥 공짜로 얻는다는 뜻이 된다. 이렇게 시인이 오랜 소외와 고독의 삶을 살면서 마음의 간섭을 내려놓으면 부지불식간에 알 수 없는 섬광처럼 살아오는 어떤 깨달음, 즉 돈오의 조각을 주워 올릴 때가 있는 것이다. 그래서 시인은 쓰고 있던 〈안경을 벗어 탁자 위에 놓는다.([안경을 벗으며])〉 안경을 쓰는 것은 시력을 보완하여 눈앞의 대상을 또렷이 보기 위함이므로, 반대로 안경을 벗음으로써 그는 눈앞의 대상과 소통을 멈추고 자신의 내면으로 시선을 거두어들이려는 것이다. 그리하여 지금 시인이 벗어놓은 〈안경알에〉 〈저녁햇살이〉 비쳐서 〈창밖의 물상을 밀어〉내고 있다. 그래서 그 물상들은 시인의 내면에서 〈파도로 부서〉지고, 〈추억의 갈피에서 솟구치는 비애가/ 뭉크의 절규를 쏟아〉내지만, 그러나 〈젊은 날들은 송림사이로 지나〉간 지금 자신의 황혼을 돌아보면 〈하늘을 고통으로 물들이는/ 장엄한 노을〉이 벗어놓은 안경알에 묻어있고 그 위에 〈성당의 십자가 길([안경을 벗으며])〉이 눕는 것이다.

그리고 시인이 일찍이 학생시절 마치 단테가 베아트리체를 만났던 것 같은 운명적인 조우, 즉 어느 〈수난절 새벽〉에 성모당 앞에서 보았던 한 소녀의 모습이 수 십년이 지난 지금까지 아득한 세월 저쪽 종각 밑에서 〈제비꽃〉으로 피어나고 있다. 그의 고백처럼 〈내 눈물과 기도에서 석류 속 같이 터져나온 여인 …(중략)… 마음이 미처 준비도 되기 이전에 이미 그녀의 눈빛은 번개보다 빠른 속도로 내 마음을 요동할 수 없는 그물로 감아올려 나는 그 사랑의 덫에서 슬픔과 기쁨을 동시에 누〉리며 지내왔고, 〈구름은 흘러가나 어두운 제단의 성체함 등만이 내게 위로가 되〉([성체함 燈])고 있기에 앞에서 언급한 〈성당의 십자가 길〉([안경을 벗으며])이 시인의 시심의 근저에 누워있는 것이다.

그러나 지금 시인은 관수재 뜰에 힘없이 선 자신을 발견하고 스스로 놀란다. 무엇인가 젊은 날부터 그를

〈암울한 덫으로 포박케〉 했던 것, 시인의 감성을 뿌리째 흔들었던 그 형언키 힘든 〈한 여인에 대한 애절한 사랑〉 혹은 〈그리움의 실로 짠 실로 짧은 사랑의 形骸〉가 이제는 한갓 〈노랫가락〉으로만 남아 있는 것이다. 그래서 그는 이 시집의 표제처럼 그의 가슴 속 깊이 못 박힌 그 애련의 줄기에다 〈무엇을 더하여 꽃 피울까〉를 詠嘆하면서 뒤늦게 이 시집을 上梓하는 것이다.

길과 나무 검은 구름 너희들은
장대한 팔월을 이고 있다
대기의 이동 말이 없고
송림 울창한 숲은 번 산에까지 이어진다
간혹 나는 깊은 생각에 잠긴다
애초에 암울한 시선 북쪽 허공을 따른다
그마저 시야에서 사라지고 나면
관수재 뜰에 힘없이 선 나를 발견하곤 더욱 놀란다
무엇이 나로 하여금 암울한 덫으로 포박케 하는가
젊은 날 한 여인에 대한 애절한 사랑인가
그리움의 실로 짠 실로 짧은 사랑의 形骸,
이젠 노랫가락만 남았으니 오오
깊이 못 박힌 너 애련의 줄기에다
무엇을 더하여 꽃 피울까

— 「무엇을 더하여 꽃피울까」 전문

(終)